Yannick Monrosé

Le regard des amants

DROITS D'AUTEUR © Yannick Monrosé 2015
Tous droits réservés

Du même auteur
Randonnée, 2012 *Editions L'Harmattan*

L'auteur remercie Florence Portugal, Céline Farrayre, Loreleï, Mauricette Cueille, Sylviane, Christiana pour le soutien apporté à la création de ce recueil.

Au clair du jour,

Un million de fois

Porteur du même regard :

Dans une robe de mousseline,
Dans un tailleur minutieux,

Je peine à lui trouver quelque défaut.

Qu'il plaise à la volupté ce paraître routinier,

Cette coutume choisie

Autant de fois jusqu'au dernier des jugements.

Il me vient à cœur de l'aimer,

De soulever encore les senteurs de sa floraison,

De m'en oindre à perpétuité

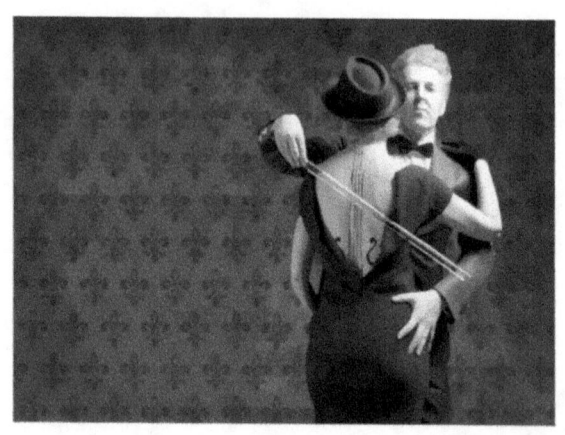

Quand le jour fredonne dans son au revoir,

Et que tombent les dernières feuilles vivantes dans l'ombre absolue

Sur les oasis glacés, frôlés par le vent endormi ;

Et que l'on cueille les bruits de la nuit,

Afin que la lumière ne nous soit jamais égarée.

Quand l'abîme inachevé de notre être conjure les Dieux implorés,

Et qu'il plaît aux démons de nous voir croupir ;

Et que l'on regarde par un feu, brûler indéfiniment notre conscience ;

Et que l'on loue le jour car la nuit est un enfer.

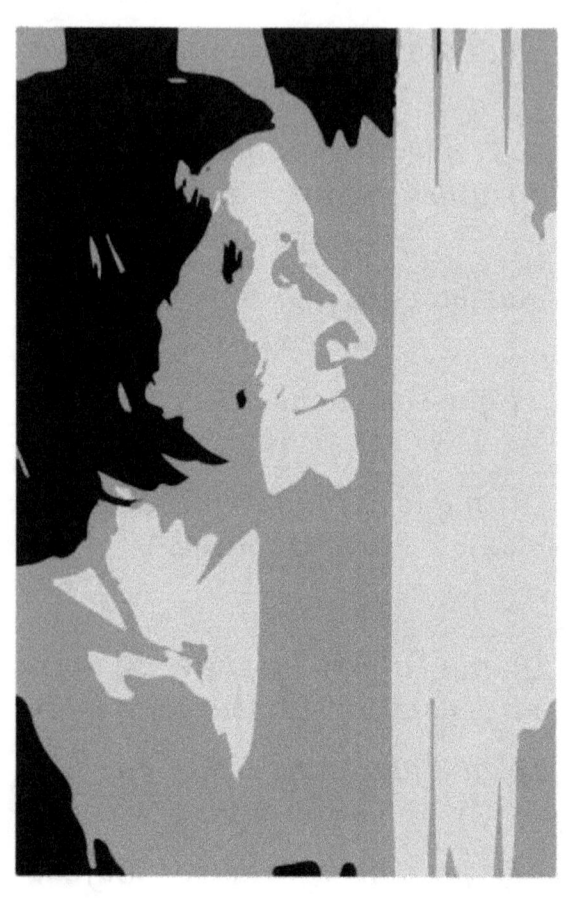

Ses cheveux virevoltés, au vent déchaînés
Se voulaient vivants au milieu de mille regards
Comme un confus engouffré en un instant
Autour d'elle s'envolent des feuilles errantes
Comme pour raviver d'invisibles souhaits

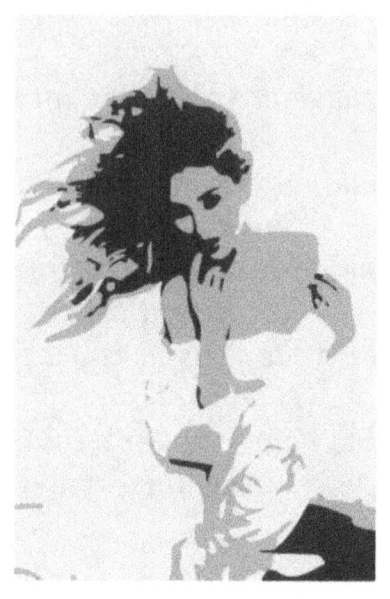

La brume est restée noire comme si la nuit n'avait suffit

Contrepoint à la genèse comme à tout commencement

Le regard s'est perdu sous le ciel blanchi

Le temps s'est vêtu de sa robe blanche

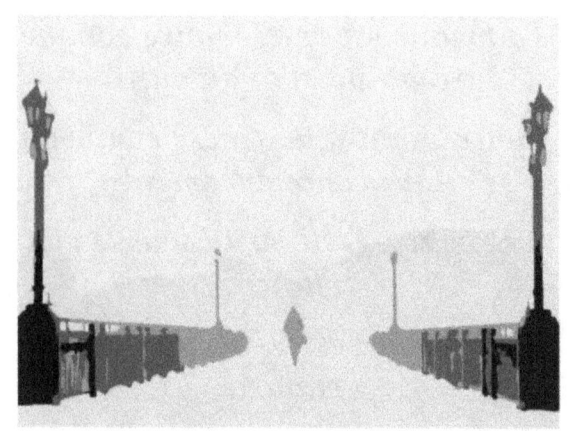

Par des nuits fécondes

Quand silencieuse se manifeste ta voix

A tour de bras, à bout de souffle

Dans nos cœurs en mouvance

Nous exhalons l'extase à nos chevets

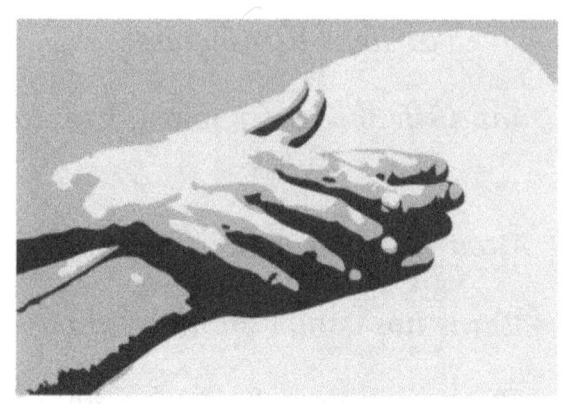

Le bonheur est un écho dans l'esprit qui le fredonne

Que de larmes détachées

Révoquant les pluies sauvages

Chaque lueur, à son rang d'azur

Faisant un lit de paix au gré de l'esprit

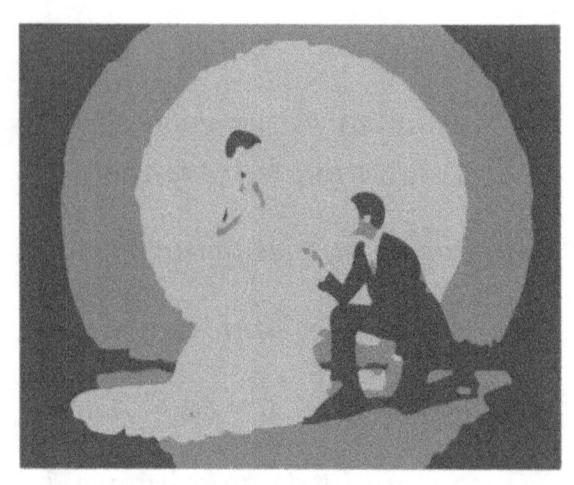

En mon cœur des vertus

Immaculées, majestueuses,

Cavalier aux fantaisies des bienaimés

Sans que le livide ne le croule à son malheur tenace

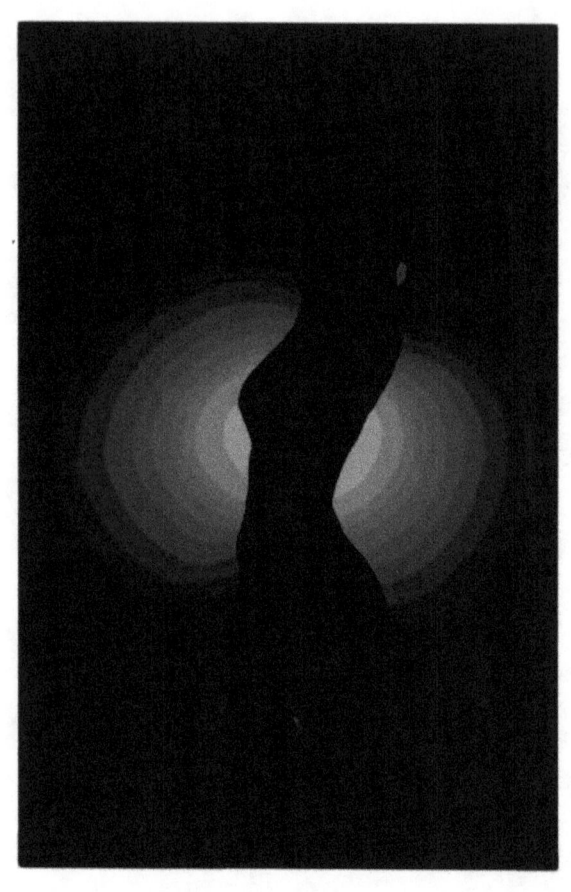

Seule notre alliance ne s'est endormie

Face aux rivaux impérieux se défiant en face

Nos vœux, en un contour plus rigide

Luxuriants de mirages doux, et de gestes saints

Telle une union bâtie sur le roc

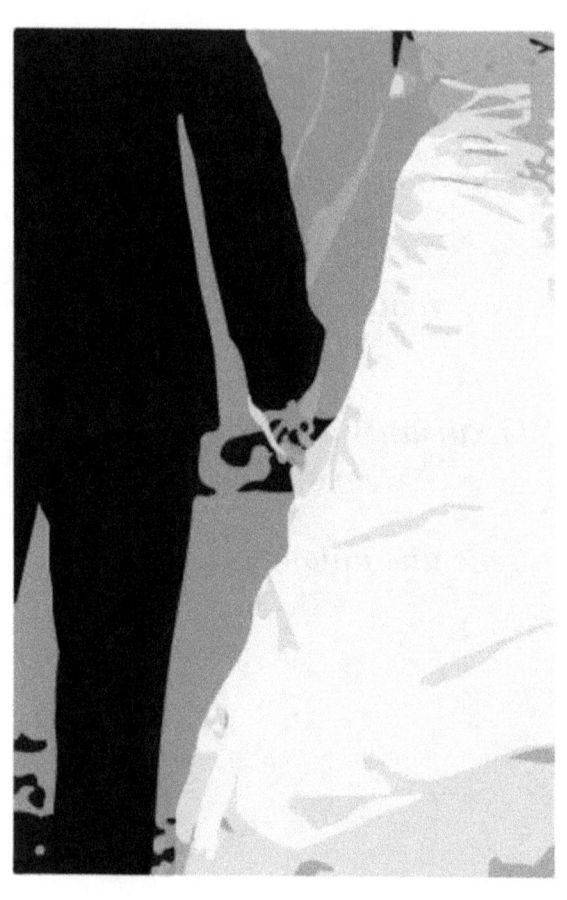

Elle s'émeut de voir, l'effluve du soupirant sur sa douceur méconnue

Le verbe jusqu'alors insensible de ses strophes

Au côté d'un baiser d'époux

A la rive gracile

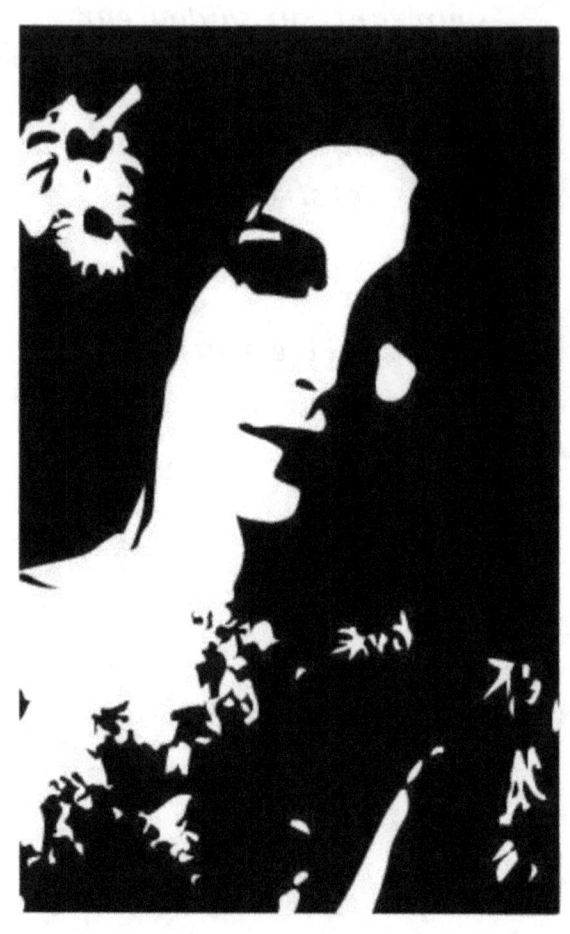

Qu'importe la frayeur lorsque l'amour demeure

Et qu'aux cœurs, un joyau est acquis

*Aux faîtes où j'aime à
m'aventurer*

*Tu me reviens dans ces
mystérieux instants sédatés*

*En prière, les pieds nus sans
écorchures*

*Sous des ombres mêlées, où nous
chantons.*

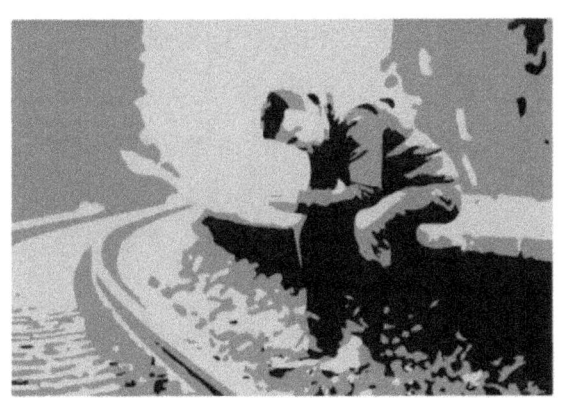

*Femme ! A quel sermon me
       vouer ?*

Combien amer ! je m'en veux

D'être le cerf de cet Adieu

Cœur meurtri et assagi

Cette patiente poursuite de l'âme-sœur

Ecrasant de l'intérieur ton sang

Demeure dans la prière

Qui fut la nôtre

*De nos consciences sans cesse
envahies du chagrin qui les altère*

Il n'est pas qu'obscur

Ce monde qui semble être à nous

Entends-tu ce clapotis
Dont l'ouïe a faim sur
Ce sable à la douceur étrange ?

Te frôle-t-il ce vent fuyant
A la célérité qui ne se partage ?

J'ai goûté aux harmonies pénitentes

Et aux torpeurs enivrantes

Imprimées sur les visages perdus

Je me suis plongé dans le rêve de plusieurs lunes

Continuant les sommeils les plus mélancoliques

Nul amant ne s'avance
Que vers un fronton charmant
A toute défense qui s'émousse

A vous pour nous, s'exulte l'amour

Savoir le dire

Savoir le faire

C'est tout pour moi un mystère

Jadis,
Le malheur dans ses yeux froids
Pendu à la morsure d'un instant
Fait encore la potence de son indigestion

En sais-tu le secret
De cette raison en tes dépends ?
Tous les délices et la soif
De ce chamarré amorphe ?

*Comme un baiser fidèle
Sur tes lèvres vermeilles
Tes doléances par mon être
Sont exaucées*

De nuit sous les cieux en pleurs
Nous soupirons dans le creuset profond
Docile à l'appel de l'hôte
L'éclair a brisé la mouvance

Dans la pénombre de l'impérieuse douceur

Les senteurs des fleurs se plongent en ton seuil

Et lentement, dans les bras des attirances

Tu repeins ta joliesse

*J'ai laissé passer l'essentiel,
Le pan de détresse,
Le bruit de mes crises au fond de l'eau,
La forme d'un visage imprévu.*

*La maison me torture,
J'arrive tordu à la fenêtre.
Je plane et voilà tout.*

*L'auberge de la peur,
Le détachement à la querelle, là où se refuse le corps.
Au mur je repends la sueur de l'insouciance,
Je me tais, comme après la pluie*

De ma transe d'aimer

Sur le pacte des promesses

En un verbe indélébilement apposé

Je t'aimerai par l'entremise d'une strophe sans fin

Flot inassoucvi de tendresse
De toutes les saisies glissantes
L'engouement envolé
Étend toujours son ardeur

Me vois-tu dans l'oubli des regards

Là, sur le banc des réceptacles,

Trahie par ma vue envieuse ?

Voilà ce qui peint mes jours heureux,

Quand même le ciel vacarme

Et que la pierre s'effrite

*Que tous les éveillés hument
Les senteurs bercées à tout repos
Et que ces cœurs béants tressaillent
De tant de grâce à tes pieds*

Le ravissement
A tour de bras
se veut sentir
Mais en un, tu te vois choisir

Tu es la hantise
Du soir de ma soif ;
L'étrangère qui n'est plus
Depuis le temps de cette croisade

Le manuscrit de Yannick Monrosé illustré par dreamstime (corpus) et Christiania (couverture) est conservé à la BNF

© 2015, Yannick Monrosé

Edition : BoD - Books on Demand
12/14 rond-point des Champs Elysées, 75008 Paris
Imprimé par Books on Demand GmbH, Norderstedt, Allemagne
ISBN : 9782322041589
Dépôt légal : octobre 2015

www.ingramcontent.com/pod-product-compliance
Lightning Source LLC
Chambersburg PA
CBHW050245230526
45470CB00005B/2128